Artistes | numéro 65

LE GRECO,
UN PEINTRE GREC À TOLÈDE

— La légende noire d'un artiste
aux influences éclectiques

par Barbara Delamarre

50MINUTES

Avec la collaboration de Stéphanie Reynders

LE GRECO

- **Nom ?** Domenikos Theotokopoulos, dit le Greco.
- **Naissance ?** Né en 1541 à Candie (Crète).
- **Mort ?** Décédé le 7 avril 1614 à Tolède (Espagne).
- **Contexte ?** L'Espagne de la Contre-Réforme catholique.
- **Œuvres majeures ?**
    - *Le Polyptyque de Modène* (1568)
    - *Le Partage de la tunique du Christ* (1577-1579)
    - *Le Songe de Philippe II* (1578-1580)
    - *Le Martyre de saint Maurice* (1580-1582)
    - *L'Enterrement du comte d'Orgaz* (1586-1588)
    - *La Madone de Charité* (1603-1605)

Domenikos Theotokopoulos est un artiste à part dans la production picturale européenne de la fin du XVIe siècle. S'il s'intègre à la réflexion menée à Venise sur la lumière et la couleur, tout comme dans l'art de propagande catholique né du concile de Trente (1545-1563), il en livre une expression très personnelle.

Le Greco naît en Crète au moment où celle-ci est sous domination vénitienne. Son surnom, « le Grec », il l'assume en l'apposant parfois à ses toiles comme signature. Peut-être même l'a-t-il choisi. Car Domenikos Theotokopoulos n'est pas réellement considéré comme un étranger lorsqu'il arrive à Venise en 1568. Son père, et sans doute son frère, sont des employés de l'administration fiscale vénitienne et, surtout, ils sont vraisemblablement catholiques. La foi orthodoxe, répandue en Crète mais pas majoritaire, a néanmoins influencé l'art du jeune Greco.

La Sérénissime agit comme un révélateur. L'artiste y découvre la couleur de Titien (vers 1488-1576), dont on a longtemps cru qu'il était l'élève, et y croise Tintoret (1518-1594). Mais Rome et son ténébrisme naissant, qui fait la part belle aux contrastes de lumière, exercent également une influence déterminante sur son art. Le Greco compose ainsi une synthèse originale, presque bizarre, mais certainement d'une grande modernité dans sa liberté.

LA CONTRE-RÉFORME CATHOLIQUE

En 1517, un moine allemand, Martin Luther (1483-1546), bouleverse l'Europe entière en publiant ses 95 thèses contre les abus de l'Église catholique, notamment le commerce des indulgences. Il prône un retour aux sources du christianisme, donnant ainsi naissance au vaste mouvement de la Réforme. En réaction, l'Église elle-même tente de se réformer, en se tournant vers un idéal de pauvreté et de contemplation. On restaure alors les fondements des règles franciscaines au sein de l'ordre capucin. Et face à la propagation du protestantisme et de la critique en général, on fonde également des ordres de conquête, missionnaires, dont le plus célèbre est celui des jésuites, créé en 1540 par Ignace de Loyola (1491-1556). Envoyés dans les plus lointaines colonies, ces derniers deviennent les garants de l'enseignement de la doctrine catholique.

Dans un premier temps, Luther ne s'oppose pas frontalement à la papauté. Il demande le dialogue et réclame un débat public afin de confronter les arguments de chacun et permettre la réforme nécessaire selon lui. Mais le refus du pape et le contexte politique y font obstacle. Il faut attendre 1545 pour que s'ouvre un concile dans la ville de Trente, concile qui verra cinq papes se succéder tant il dure : il s'achève en effet en 1563, soit 18 ans plus tard. Censée favoriser le dialogue, la Contre-Réforme aboutit en réalité à une crispation des positions de chacun et entérine la rupture entre catholiques et protestants. Parmi les points de discorde, les premiers insistent sur la validité du culte des saints, tandis que les seconds le réfutent en partie. L'Église romaine affirme également le pouvoir absolu du pape, qui ne peut et ne doit plus être remis en cause. Les guerres de religion éclatent : dans toute l'Europe, mais surtout en France, en Allemagne et dans les Pays-Bas espagnols, les deux camps s'affrontent, parfois dans une violence inouïe.

LA NAISSANCE DE L'ART BAROQUE

Mais la Contre-Réforme a également d'importantes implications artistiques : on voit apparaître un art militant destiné à glorifier la grandeur du catholicisme et à rendre son éclat à l'Église romaine. Le message doit être clair, quitte à être cru, en particulier lorsqu'il s'agit de montrer la vérité du martyre. Rien ne doit détourner l'attention du fidèle pénitent : pas de scènes annexes et très peu de décors. Saint Pierre et Marie-Madeleine, deux figures majeures de la repentance, sont particulièrement appréciés. Aussi le nu est-il banni. L'extase doit être mystique et non pas sensuelle. Cet art, pourtant si plein des chairs des martyrs et des larmes du Christ, se veut dépouillé de sens physique, car son objectif est de révéler la divinité.

Ces prescriptions artistiques aboutissent, au début du XVIIe siècle, à la naissance du mouvement baroque, essentiellement italien et espagnol, qui touche tous les arts. Grandiloquent et théâtral, il pousse à l'extrême les caractéristiques de l'art issu de la Contre-Réforme, s'imposant aux spectateurs par des mises en scène grandioses dans lesquelles le mouvement règne en maître et où une grande place est laissée à l'expression des émotions. Mais cet art exubérant et profondément monumental finira par étouffer dans ses propres ornements, en particulier dans l'architecture espagnole, et provoquera une réaction tout inverse : un retour à des formules strictes, inspirées de l'Antiquité, développées dans le classicisme.

LA LUTTE DU TRAIT ET DE LA COULEUR

La seconde moitié du XVIe siècle est par ailleurs marquée, en Italie, par une lutte opposant deux grandes métropoles artistiques, Rome et Venise. Dans la première – ainsi qu'à Florence –, le dessin s'affirme comme le premier des arts, faisant d'elle la ville du trait. Les artistes poursuivent l'idéal néoplatonicien issu de la Renaissance qui veut que la recherche du Beau passe par l'assurance de la ligne. La mode est alors au maniérisme, né dans la première moitié du siècle et qui consiste à exacerber la « manière » des grands maîtres, notamment Michel-Ange (1475-1564) et Raphaël (1483-1520), dont les œuvres sont jugées trop parfaites pour être surpassées ou même égalées. Les corps s'allongent, parfois démesurément, les décors s'effacent derrière un goût pour le beau bizarre, lisse mais difforme, contenu dans des contours très nets, et la vraisemblance se perd dans la recherche du trait et de la forme idéels (Le Parmesan, *Madone au long cou*, 1534-1540). De la confrontation du maniérisme et de la Contre-Réforme naissent des œuvres spiritualistes, où la déformation des corps et le choix de modèles prosaïques se mêlent à une utilisation très spéciale de la lumière appelée le ténébrisme. Les scènes peintes ne possèdent qu'une seule source lumineuse et sont montrées comme éclairées à la chandelle ; la lumière s'accroche donc sur les figures en laissant une grande partie des tableaux dans l'ombre.

Venise, au contraire, est la ville de la lumière et de la couleur. Les traits y sont plus flous, et les contours des formes ne sont parfois esquissés que par des jeux d'ombre et de lumière. On dit même de Titien qu'à la fin de sa vie, il ne peignait plus qu'avec ses doigts. Néanmoins, dans cette ville où les palais se parent eux aussi d'ors baroques, on note au cours du XVIIe siècle une évolution vers un art maniéré et précieux. Si les artistes romains et vénitiens se distinguent toujours nettement dans le traitement pictural, ils se rejoignent alors parfois dans la surenchère ornementale.

Le Greco puise quant à lui à chacune de ces sources artistiques. De Rome il prend la démesure des corps, leur élancement jusqu'à la déformation, et les ombres puissantes. Grâce à l'influence de Venise, il se libère du diktat du trait et des exigences de représentation.

- 10 -

DE LA COLONIE À LA SÉRÉNISSIME

Domenikos Theotokopoulos naît en 1541 à Candie (actuelle Héraklion), la cité la plus importante de l'île de Crète. Son père, Jorghi, est collecteur d'impôts pour Venise. De sa mère nous ne connaissons rien. Le Greco se marie peut-être en Crète. Son installation en tant que maître à Candie en 1566 indique en effet qu'il prend son indépendance vis-à-vis de sa famille, une situation généralement rendue possible par le mariage. Il est alors peintre d'icônes, des œuvres de dévotion privée, dont deux sont conservées (*Saint Luc peignant la Vierge*, 1560-1567 ; *L'Adoration des mages*, 1565-1567). D'inspiration byzantine, elles présentent néanmoins déjà une influence italienne dans l'allongement des figures, ainsi qu'une certaine liberté de mouvement.

La Crète se révèle-t-elle trop limitée pour son talent ou son caractère fort lui cause-t-il déjà quelques soucis ? Les raisons de son départ vers Venise en 1568 restent obscures. Peut-être le jeune artiste souhaite-t-il tout simplement voir de ses propres yeux cette ville qui est alors à la fois capitale de son île et capitale artistique de la péninsule italienne.

Lorsqu'il arrive dans la Sérénissime, Titien règne en maître sur l'art européen. On a longtemps considéré le Greco comme son élève. Celui-ci n'aurait en effet pas manqué de se recommander de son aîné, surtout lors de son arrivée en Espagne, où Titien a travaillé pour le roi. Mais même s'il apprend effectivement du maître, en particulier dans le travail du modelé par la lumière, il ne fait vraisemblablement jamais partie de son atelier. De plus, le Greco n'a pas de réelle clientèle vénitienne, mise à part la communauté grecque exilée. L'artiste est par contre peut-être plus proche de Tintoret, dont il reprend certaines formules dans ses œuvres vénitiennes (*La Dernière Cène*, 1568, inspirée de *La Cène* de Tintoret, 1547), ainsi que certaines techniques comme le modelage de figures en cire, habillées et mises en situation pour créer les compositions de ses tableaux.

L'expérience vénitienne du Greco est courte, puisqu'il quitte déjà la ville en 1570 pour se rendre à Rome.

ROME, ENTRE HAINE ET FASCINATION

Sur la route entre Venise et Rome, l'artiste passe par Florence et se montre très critique envers les artistes toscans. Une seule œuvre trouve grâce à ses yeux, *Le Tombeau des Médicis* (1520-1534) de Michel-Ange. Cela n'empêche pourtant pas le Greco de manifester à son égard une certaine condescendance. En 1611, il dira ainsi de lui à Francisco Pacheco (1564-1644), un théoricien espagnol, qu'il s'agit à ses yeux d'« un honnête homme qui n'[a] jamais su peindre ».

Il est introduit à Rome par Giulio Clovio (1498-1578), un miniaturiste d'origine croate qui demande au cardinal Alessandro Farnèse (1520-1589) de lui accorder une chambre dans le palais familial. Le Greco lui est présenté comme un portraitiste disciple de Titien. Mais, comme à Venise, l'artiste crétois peine à trouver une clientèle et se retrouve isolé dans cette ville entièrement dévouée à la manière florentine. Même s'il est inscrit à l'académie de Saint-Luc en 1572, ce qui lui donne le droit d'ouvrir un atelier, on ne lui confie aucune grande commande. Il peint alors essentiellement des portraits et des tableaux de dévotion de petit format qu'il réalise à la détrempe sur bois et en série.

Ce sont sans doute ses opinions tranchées sur ses contemporains romains qui l'amènent à quitter la ville. Son départ suit de peu les « repeints de pudeur » du *Jugement dernier* de Michel-Ange à la chapelle Sixtine. Au lieu de simplement couvrir la nudité des figures, le Greco aurait proposé de tout repeindre et, surtout, de faire mieux que le maître. Mais même si cet affront a sans doute précipité son départ, celui-ci trouve plus vraisemblablement sa source, à nouveau, dans un manque de reconnaissance et donc de commandes.

LE GREC DE TOLÈDE

Il fait ensuite route vers l'Espagne, probablement pour y trouver davantage de succès. Le roi Philippe II (1527-1598) est en effet connu comme un grand amateur d'art italien, et en particulier de Titien, qui a réalisé son portrait en 1550. Il a également lancé la construction de l'Escurial, un vaste sanctuaire devant, entre autres, accueillir la nécropole royale.

Le Greco arrive à Madrid en juin 1577. Il est probable qu'il recherche alors une place à la cour, mais les chantiers royaux emploient essentiellement des fresquistes, or il refuse d'utiliser la technique de la fresque. Aspirant à mieux, il gagne dès le mois d'août Tolède, où il passera le reste de sa vie. Essentiellement peintre de retables, l'artiste heurte, là aussi, les plus grands mécènes : les œuvres commandées par la cathédrale de Tolède (par exemple *L'Espolio*, 1577-1579) ou par la couronne (notamment *Le Martyre de saint Maurice*, 1580-1582) ne leur donnent pas satisfaction. Chacun reconnaît que le Greco est un grand peintre, mais la liberté prise par rapport aux conventions de représentation, ses excentricités de composition et son intransigeance le privent de toute commande de grande envergure. Pour vivre, l'artiste se consacre à la peinture de dévotion privée, avec des formules qu'il répète presque à l'infini, copiant même ses plus grandes œuvres.

En 1578, le Greco a un fils, Jorge Manuel, qui plus tard l'assistera dans son travail artistique et le représentera parfois lors de la signature des contrats ou dans les nombreux conflits qui éclatent entre le peintre rebelle et ses commanditaires. La mère de Jorge, Jeronima de las Cuevas, semble appartenir à une famille d'artisans drapiers tolédans bien installés, mais pas fortunés. Le Greco et sa compagne ne sont pas mariés, chose étonnante dans l'Espagne ultra catholique de cette époque, mais qui s'explique peut-être par le mariage contracté par le Greco en Crète et qui n'aurait jamais été rompu.

À sa mort, le 7 avril 1614, l'inventaire de ses biens témoigne d'une grande quantité d'œuvres, d'études pour de grandes compositions, de tableaux inachevés et de livres, mais il n'y a que peu de biens matériels. La demeure qu'il occupait dans le palais Villena, il la louait. Il est enterré dans l'église Santo Dominguo el Antiguo pour laquelle il avait peint son premier tableau à son arrivée à Tolède (*Retable du maître-autel*, 1577). Son corps est transféré en 1619 à l'église San Torcuato qui est détruite en 1868.

UN CARACTÈRE DIFFICILE

La carrière du Greco est marquée par de difficiles relations avec ses commanditaires. Souvent en conflit concernant le prix de ses œuvres ou leurs caractéristiques de composition, voire des détails comme la taille des fraises des personnages, il ne parvient à régler aucune de ses grandes commandes simplement. Il faut toujours faire appel à des experts extérieurs et entreprendre de longues négociations. De manière générale, le Greco se montre assez provocateur : il ne respecte ni les codes des cités qui l'accueillent ni les desiderata de leurs mécènes. Ses départs successifs de Crète, de Venise et de Rome trouvent peut-être même leur source dans cet esprit bravache, qui se manifeste aussi envers les autres artistes, voire dans ses œuvres elles-mêmes. Avant de quitter définitivement l'Italie, le Greco fait d'ailleurs un dernier pied de nez aux maîtres qu'il mésestime tant : dans une de ses versions de *Jésus chassant les marchands du Temple* (1571-1576), il place quatre portraits dans l'angle inférieur droit, selon une hiérarchie très personnelle. Titien est mis en avant, presque sur le même plan que le Greco, suivi de près par Giulio Clovio, alors que Michel-Ange est rejeté dans l'ombre.

CARACTÉRISTIQUES

DE L'OMBRE BYZANTINE
À LA LUMIÈRE VÉNITIENNE

Le Greco se forme à la peinture en Crète, où le christianisme byzantin, s'il a reculé en termes de nombre de pratiquants, est toujours prégnant dans les arts. La séparation des Églises d'Orient et d'Occident (donnant naissance au christianisme orthodoxe ou de rite byzantin) intervenue en 1054 a cristallisé de fondamentales différences théologiques, perceptibles dans les expressions liturgiques et artistiques. L'art byzantin est ainsi un art de l'émotion et du sensible. L'œuvre, et en particulier l'icône, y a un statut privilégié, puisqu'elle est réputée être conforme au personnage représenté et contenir une part de sa sainteté. Les images byzantines, loin d'être des supports didactiques, sont donc des images vraies qu'on adore et qu'on révère, mais tout en gardant à l'esprit qu'elles ne sont qu'un relais, un intercesseur. Les jeux d'ombre très contrastés des tableaux du Greco et son utilisation fréquente de la technique de la détrempe sur bois trahissent incontestablement sa formation aux techniques de l'icône. L'artiste emprunte également à l'art byzantin la caractérisation sévère des figures, qui sera encore amplifiée par son interprétation du ténébrisme romain.

L'originalité du Greco est de mêler à ces influences sombres et mystiques la lumière vénitienne. Il assimile la leçon de Titien, pour qui ce sont les effets de lumière qui construisent l'image et non les traits. Ainsi, dans ses œuvres, la lumière, distribuée de manière artificielle, crée à la fois l'espace et le mouvement. Elle apporte également une certaine douceur sans laquelle les sujets seraient trop crus dans leur réalisme, et elle permet en outre d'établir un lien entre le profane et le sacré, le prosaïque et le divin. Enfin, notons encore qu'au contact des peintres vénitiens, le chromatisme du Greco s'enrichit tout en se nuançant : aux couleurs très tranchées et aux fonds d'or des œuvres byzantines, l'artiste préfère désormais des couleurs plus floues et plus diffuses.

LA LEÇON DU MANIÉRISME ROMAIN

Dans ses œuvres romaines, on observe une nouvelle évolution dans son travail. À l'exemple vénitien d'une couleur et d'une lumière mouvantes, à l'image des reflets du Grand Canal, il ajoute celui du ténébrisme romain. Le clair-obscur devient dès lors le sujet même de certains tableaux, comme c'est le cas dans *Jeune Garçon allumant une chandelle* (1570-1572). L'influence romaine est néanmoins moins prononcée dans ses toiles à caractère religieux, par exemple dans *La Guérison de l'aveugle* (1570-1575), où la lumière est plus diffuse et où le fond clair crée comme un rideau de théâtre s'ouvrant devant la scène principale.

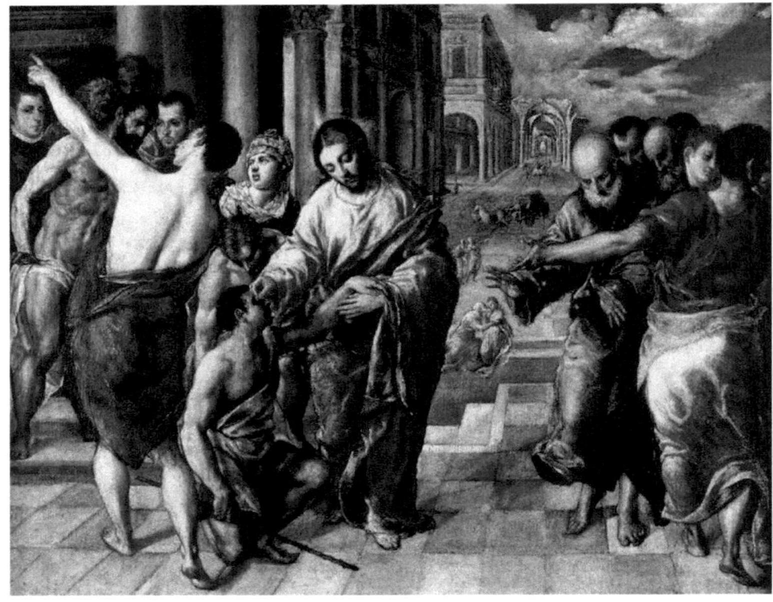

LE GRECO, *La Guérison de l'aveugle*, 1570-1575, huile sur toile, 50 x 61 cm, Parme, Galerie nationale.

Cette œuvre, dont l'architecture représentée en arrière-plan évoque les bâtiments de la place Saint-Marc, est peut-être une commande de la famille Farnèse. Le jeune homme à l'extrémité gauche du tableau, en costume du XVIe siècle a en effet parfois été reconnu comme le neveu du cardinal Alessandro Farnèse. La présence de ces figures anachroniques pourrait n'être néanmoins qu'un artifice de la composition destiné à rendre la scène plus vivante, plus actuelle, une pratique courante dans la peinture vénitienne. En cela, le Greco est bien plus proche de la spiritualité byzantine que catholique : sa peinture ne vise pas à édifier les foules, comme le recommande la Contre-Réforme ; elle cherche à les toucher et à les bouleverser par une émotion chaque fois personnelle.

Aussi le Greco est-il également influencé, toujours à Rome, par le goût du maniérisme pour le beau bizarre, qui prend chez lui un aspect plus torturé et plus tortueux. Ses corps sont déraisonnablement longs tandis que ses têtes sont fréquemment très petites. Le peintre pousse en outre la déformation jusque sur les traits du visage. En regardant ses figures, on ressent leurs tourments et leurs interrogations, matérialisés par la crispation des bouches et le mouvement des sourcils. Mais si l'étrangeté maniériste aboutit généralement à un art extrêmement lisse et froid, celle du Greco entraîne au contraire le spectateur vers l'empathie.

L'ESPAGNE OU LA MYSTIQUE DE L'ART

Dans la dernière partie de sa carrière, le Greco évolue dans une Espagne bercée de mysticisme, autour de personnages comme Thérèse d'Avila (1515-1582) ou Jean de la Croix (1542-1599). Traversée d'extases parfois violentes (immortalisées notamment par le Bernin en 1647-1652), la première a des visions qui l'exhortent à s'engager sur la voie du silence et à réformer l'ordre des Carmes. Pour mener à bien cette mission, elle fait appel à Jean de la Croix, qui prend en charge l'ordre masculin. Il est lui aussi tout entier dévoué à la mystique, qu'il définit comme « une nuit obscure » : l'homme doit accepter l'aveuglement dans la foi, Dieu et ses actions étant trop grands pour être pleinement connus. Tous deux insistent sur l'importance de la révélation, parfois imposée, de la présence divine. Cette conception, le Greco se fait fort de la relayer à travers ses ciels torturés (*L'Assomption*, 1577) ou le froid visage du Christ crucifié (*Le Partage de la tunique du Christ*, 1777-1779). En cela, il peut être qualifié de peintre mystique, et représente même pour certains la quintessence de cette âme espagnole pénétrée d'une mystique grave, riche et en même temps folle de ses mélanges.

En dehors du contexte espagnol, son art éminemment personnel trouve également sa source dans ses racines crétoises. Il fait de l'amour et de la ferveur aux icônes est un de ses fonds de commerce : son activité principale consiste en effet, durant toute sa carrière, à vendre des tableaux de dévotion privée. Il faut donc que les personnages qu'il représente s'expriment et qu'ils donnent à voir ce caractère exemplaire méritant respect et prières. Voilà sans doute pourquoi les hommes et les femmes des œuvres du Greco ne laissent que rarement indifférents et transmettent toujours un message au spectateur.

S'ÉCHAPPER VERS D'AUTRES HORIZONS

Célèbre en son temps pour ses œuvres de dévotion privée et célébré depuis pour ses compositions magistrales, le Greco s'est aussi essayé à d'autres styles. Il nous a notamment laissé deux paysages : *Vue de Tolède* (vers 1600) et *Vue et Plan de Tolède* (vers 1610), qui présentent sa ville d'adoption sous un ciel orageux. Il s'agit essentiellement d'exercices formels, tout comme son incursion dans le monde antique (*Laocoon*, 1610-1614). Le Greco cherche avant tout à démontrer son talent dans d'autres domaines appréciés des érudits, un cercle auquel il n'appartient pas.

SÉLECTION D'ŒUVRES

LE POLYPTYQUE DE MODÈNE

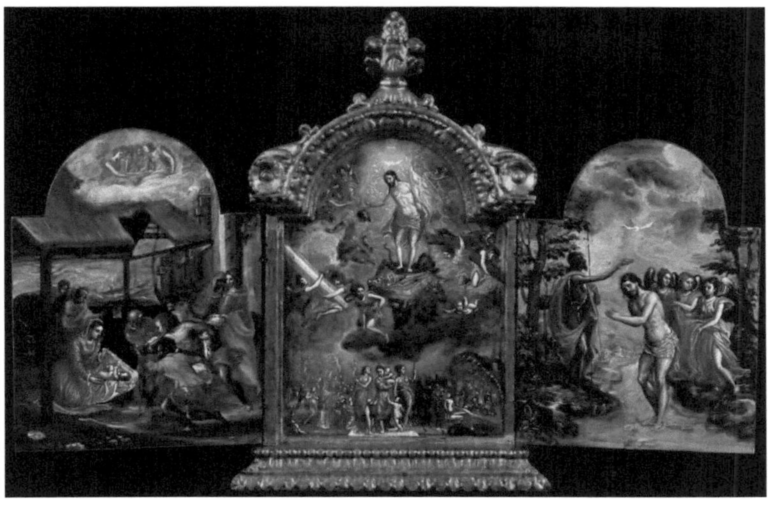

Le Polyptyque de Modène, vers 1568, tempera sur bois, 37 x 24 cm (panneau central), 24 x 18 (panneaux latéraux), Modène, galerie Estense. Recto du polyptyque.

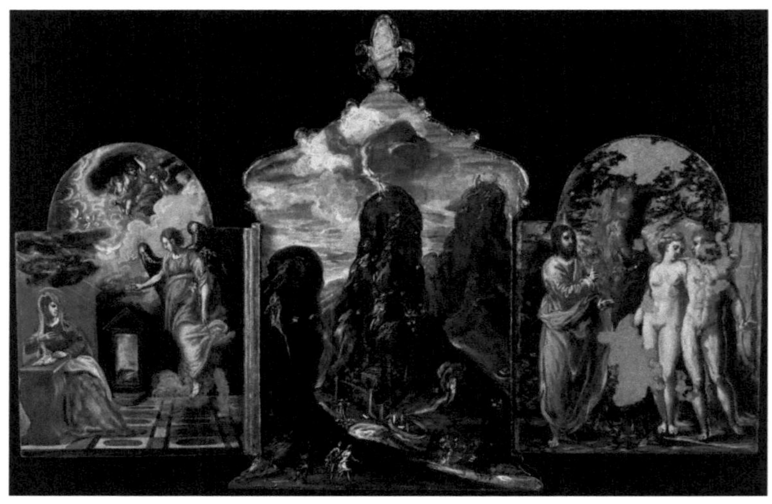

Verso du polyptyque.

Cette œuvre de petites dimensions, composée de trois panneaux de bois assemblés par des charnières et peints sur leurs deux faces, a longtemps été oubliée dans un placard de la galerie Estense. Elle ne fut redécouverte que dans les années 1930 et immédiatement attribuée au Greco. Si cette attribution a fait polémique, la date de réalisation du triptyque a également été discutée, mais il semble crédible de le considérer comme une œuvre de jeunesse, peut-être réalisée en Crète. On y observe en effet à la fois une nette influence de la peinture d'icônes byzantines et une certaine ouverture au répertoire italien. Lorsque les panneaux sont ouverts, on découvre au centre le Christ couronnant un saint, à gauche l'Adoration des bergers et à droite le Baptême du Christ. Au verso, ils représentent, au centre, une vue du mont Sinaï, à gauche l'Annonciation, et à droite Adam et Ève face à Dieu (il peut s'agir de la création d'Ève ou du moment où tous deux sont chassés du Paradis).

L'utilisation du fond d'or (en particulier sur le panneau du Baptême) rappelle incontestablement les conventions de la peinture d'icônes, tout comme les nombreux rehauts blancs qui donnent vie aux personnages. Aussi ces derniers sont-ils extrêmement nombreux, notamment au pied du Christ sur le panneau central, où une multitude de figures prennent place dans une scène de Jugement dernier. Mais cette œuvre présente aussi de nombreuses caractéristiques que le Greco développera ultérieurement, en particulier les figures maniéristes aux visages très allongés comme celle de la Vierge de l'Annonciation. On remarque déjà également la tendance de l'artiste à peindre des ciels tourmentés, emplis de nuages sombres et tourbillonnants, à travers l'effet ascendant marqué autour du mont Sinaï où la lumière divine dictant la Loi à Moïse ressemble au panache d'un volcan en éruption.

De nombreuses influences se regroupent donc dans cette œuvre : la peinture d'icônes grecque, le maniérisme romain et, enfin, Titien ainsi que Michel-Ange. Le Greco s'est en effet inspiré de plusieurs œuvres antérieures qu'il connaissait grâce à la diffusion de recueils de gravures.

LE SONGE DE PHILIPPE II

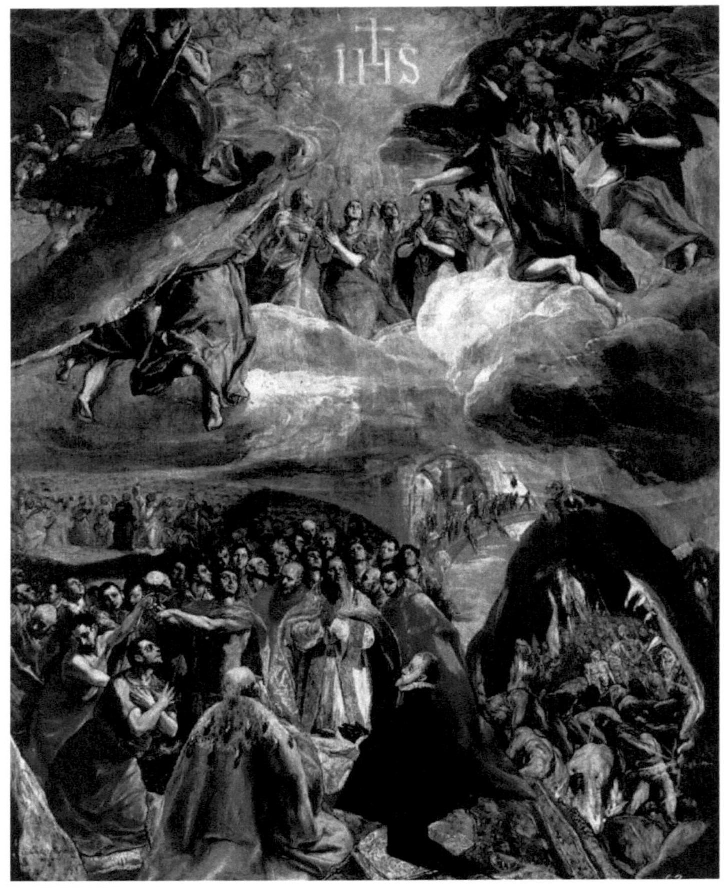

Le Songe de Philippe II, 1579, huile sur toile, 140 x 110 cm, Madrid, monastère de l'Escurial.

Cette œuvre, l'une des premières réalisées en Espagne par le Greco, a porté plusieurs noms en raison de la variété des sujets qui y sont représentés : l'Adoration du nom de Jésus (les lettres IHS étant inscrites dans le ciel), le Jugement dernier (la gueule du Léviathan est peinte en bas à droite du tableau) et l'allégorie de la Sainte Ligue, qui en est vraisemblablement le sujet réel, mais traité sous la forme d'un rêve et d'un hommage à un héros de la bataille de Lépante – au cours de laquelle la flotte turque est anéantie au large de Lépante (Grèce) par une flotte italienne et espagnole commandée par le pape Pie V (1504-1572), ce qui marque un coup d'arrêt à l'expansion ottomane en 1571.

On observe en effet les principaux protagonistes de cette bataille, et notamment l'amiral Juan d'Autriche (1545-1578), mort en 1578 et inhumé à l'Escurial, qui apparaît ici à la droite du pape, le regard levé vers le ciel. Pie V est au centre, ses mains gantées de rouge en prière et le regard levé, tout comme le doge de Venise, Mocenigo, de dos au premier plan. Philippe II est quant à lui représenté de profil, en un grand aplat de noir, ce qui le rend presque discret face aux ors du pape et du doge. En prière également, il a le regard fixé droit devant lui, dans une attitude révélatrice de son caractère déterminé, lui qui a réussi à réunir ces éminents personnages. C'est également lui qui se rapproche le plus de la gueule du Léviathan, grande ouverte pour recevoir les damnés – les Turcs vaincus –, mais également susceptible de laisser échapper les ennemis de la chrétienté. Il se pose donc en rempart afin de protéger le monde chrétien, y compris le pape. Tous sont en adoration devant la révélation du nom de Jésus apparaissant dans les nuées entouré d'anges. La figure du Christ n'est néanmoins pas représentée, comme si l'on voulait ici faire comprendre que le champion désigné par Dieu pour remporter la victoire n'était autre que le roi de cette Espagne où se développe le catholicisme le plus intransigeant.

L'espace du tableau est, comme souvent dans les œuvres du Greco, très cloisonné. Les différents niveaux représentés ne s'interpénètrent pas, comme si l'artiste avait collé plusieurs scènes distinctes. C'est le regard des personnages qui fait le lien entre les différents plans de l'œuvre et le mouvement de leurs bras vers le ciel qui unit la partie haute aux deux-tiers gauches de la toile. Seule la partie inférieure droite, celle de l'enfer, est clairement isolée, comme si le Greco avait voulu indiquer que ses héros n'appartiendraient jamais à ce monde-là.

LE MARTYRE DE SAINT MAURICE

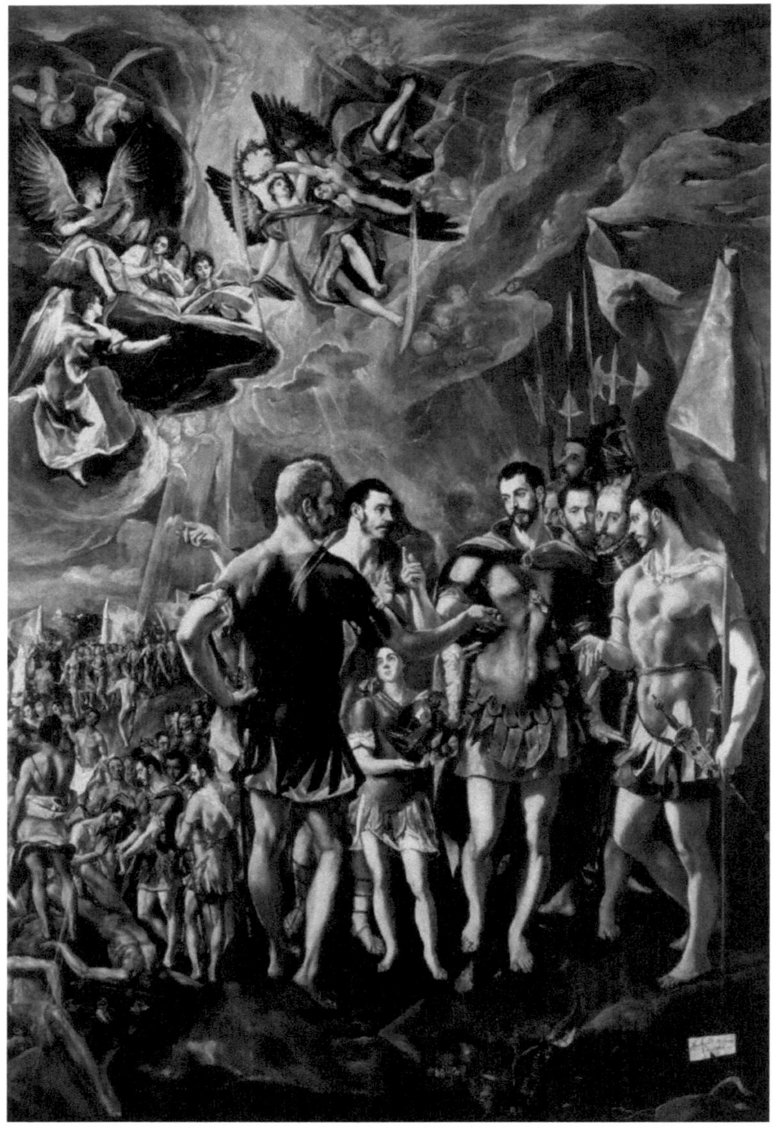

Le Martyre de saint Maurice, 1580-1582, huile sur toile, 448 x 301 cm, Madrid, monastère de l'Escurial.

Le Martyre de saint Maurice est la première commande officielle du roi Philippe II au Greco. Mais cette œuvre censée lancer sa carrière de peintre de cour en constitue en réalité le point final. Philippe II refuse en effet le tableau en 1584, non pas qu'il trouve que l'artiste manque de talent, mais parce que le traitement du sujet ne lui convient pas. Il ne satisfait pas non plus le clergé de la Contre-Réforme. Alors que celui-ci estime que le martyre est l'image qu'il faut à tout prix montrer aux fidèles, le Greco a choisi de reléguer l'épisode de la mise à mort au second plan – ce n'est d'ailleurs même pas celle du saint qui est représentée mais bien celle de ses compagnons. Saint Maurice était un légionnaire romain et, avec ses coreligionnaires chrétiens, il refusa, au IIIe siècle, de sacrifier aux dieux païens. Sur ordre de l'empereur Dioclétien, ils furent alors tous décapités. Le monastère de l'Escurial possède la majeure partie des reliques du saint, ce qui explique la commande de ce tableau à une époque où les premières figures marquantes du christianisme sont remises en lumière.

Le Greco représente au premier plan la discussion entre Maurice et les envoyés de Dioclétien, la négociation de leur soumission aux cultes romains ou de leur mort. Il met ainsi l'accent sur l'épisode du renoncement, de l'acceptation consciente de la mort, reléguant la scène sanglante de la décapitation au second plan. Ce n'est donc pas une œuvre éducative comme les aime la Contre-Réforme ; il s'agit davantage d'une œuvre intellectuelle, qui invite le fidèle à réfléchir sur sa propre volonté face au choix entre le reniement et la mort. En d'autres termes, c'est une œuvre qui doit personnellement toucher le spectateur et l'interroger. Saint Maurice, qui accepte le martyre, accompagne ses amis d'infortune, recueillant les dernières paroles et les corps sans vie, alors que le bourreau lève déjà l'épée pour exécuter le condamné suivant. Dans le ciel, les anges accompagnés de musiciens chantent les louanges de ceux qu'ils attendent, des couronnes de laurier et des palmes dans les mains.

C'est en raison de son intransigeance et de son refus de se conformer aux conventions que le Greco se voit refuser le titre tant désiré de peintre à la cour. Son tableau, relégué dans la salle capitulaire de l'Escurial, sera remplacé par une œuvre de l'italien Cincinato (vers 1540-1597) dans laquelle les têtes tranchées occupent le premier plan.

L'ENTERREMENT DU COMTE D'ORGAZ

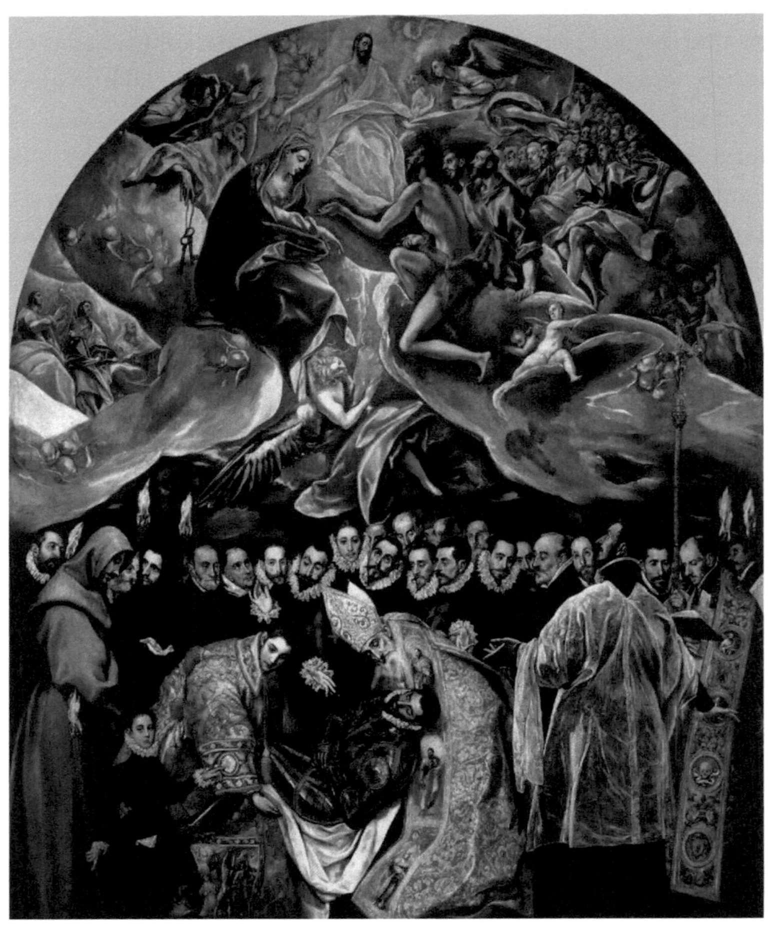

L'Enterrement du comte d'Orgaz, 1586-1588, huile sur toile, 480 x 360 cm, Tolède, église Santo Tomé.

Considéré comme le chef-d'œuvre du Greco, *L'Enterrement du comte d'Orgaz* est l'une de ses plus grandes compositions, réalisée pour l'église de son quartier de résidence à Tolède. Elle rend hommage au comte don Gonzalo Ruiz de Toledo, qui a très amplement doté l'église de Santo Tomé au cours de sa vie, jusqu'à sa mort en 1323. C'est alors que se produisit le miracle représenté par le tableau : saint Étienne et saint Augustin vinrent eux-mêmes déposer le corps du comte dans son tombeau. Ce laïc n'a pourtant pas été canonisé, et il faut une autorisation ecclésiastique spéciale pour lui accorder les honneurs d'une telle œuvre pour orner la chapelle qui lui est dédiée. L'accord arrive en 1584 et le contrat avec le Greco est conclu en 1586. Celui-ci est très précis, déterminant même à l'avance la position des différents personnages. Ayant habitué ses contemporains à ces revirements et des compositions personnelles, l'artiste a suscité la méfiance de ses commanditaires qui préfèrent jalonner son travail plutôt qu'avoir à lui demander des retouches.

Comme toujours, le tableau est nettement divisé en deux espaces, le terrestre et le céleste. Cependant, l'intervention des deux saints oblige le peintre à nuancer cette séparation pour montrer que malgré la différence de nature, les deux mondes s'interpénètrent et communiquent. Le lien est assuré par la tunique d'or de l'ange soutenant l'âme fantomatique du comte dans son ascension glorieuse, frôlant les têtes des Tolédans assistant à la scène. Juste au-dessus, la Vierge et saint Jean-Baptiste introduisent le comte devant le Christ. Au premier plan, l'enfant, sans doute le propre fils du peintre, Jorge Manuel, indique l'exemple au spectateur de son index levé. Quant aux autres personnages de l'épisode terrestre, qui représente la messe pour le mort, certains semblent tellement absorbés par le rite qu'ils en manquent son caractère extraordinaire. Aucun signe d'étonnement, seulement un vague débat matérialisé par le mouvement des mains. Seuls deux personnages et le prêtre lèvent les yeux vers le miracle des nuées ouvertes. Toutes ces figures incarnent la société de Tolède à la fin du XVIᵉ siècle : ils en ont les costumes et l'attitude, y compris le comte d'Orgaz. Son armure d'apparat, chatoyante, ne masque néanmoins pas son visage livide et gris, car le Greco n'a pas voulu idéaliser la scène, mais bien la présenter comme un épisode historique.

Cette œuvre qui est sans doute la plus reproduite et la plus célèbre du Greco dénote pourtant dans sa production picturale : c'est en effet le tableau qui respecte le mieux les conventions de représentation édictées par la Contre-Réforme. Le discours y est clair et édifiant, indiquant nettement l'exemple à suivre : celui du comte, accueilli parmi les Élus et les héros de l'histoire biblique (David, Noé, saint Thomas, etc. représentés dans la cohorte des nuées), mais aussi celui de saint Étienne dont le martyre est peint tel un tableau dans le tableau sur sa dalmatique.

LE GRECO, UNE SOURCE D'INSPIRATION

LA LÉGENDE NOIRE DU GRECO

Même s'il n'obtient que peu de grandes commandes publiques, le Greco n'est jamais réellement un artiste décrié ou isolé dans une trop grande étrangeté. Il est cependant vrai qu'il est quelque peu effacé par ses célèbres successeurs espagnols, Francisco de Zurbaran (1598-1664), Diego Vélasquez (1599-1660) ou Francisco de Goya (1746-1828), et qu'il faut attendre la génération des romantiques pour qu'il soit à nouveau mis en avant.

Théophile Gautier (1811-1872), dans sa relation d'un *Voyage en Espagne* (1843), est le premier à forger la légende de l'artiste fou qui entoure le Greco. La question de la variabilité de sa production est abordée par le prisme religieux. Né catholique dans un milieu orthodoxe puis plongé dans l'Espagne de la Contre-Réforme, le peintre ne serait pas parvenu à trouver son équilibre et aurait peu à peu sombré dans la folie. Maurice Barrès (1862-1923) reprend cette idée à son compte dans *Greco ou le Secret de Tolède* (1911), en y ajoutant une cause pathologique : l'allongement démesuré des corps du Greco serait selon lui le symptôme de l'astigmatisme (une malformation de l'œil entraînant une vision brouillée) de l'artiste. Quant à son goût pour le morbide grandiose, il serait le reflet de l'esprit espagnol.

S'il est désormais établi que le Greco n'était pas fou, mais tourmenté par un monde en mutation, certains pensent toutefois que ses modèles l'étaient. Ainsi, en 1955, un médecin espagnol publie une étude (Gregorio Maranon, *El Greco y Toledo*) dans laquelle il met en parallèle les figures du Greco et des photographies d'aliénés prises à l'asile de Tolède. Qu'elle soit fondée ou non, cette légende noire est sans doute pour quelque chose dans la fascination que le peintre exerce sur certains artistes du XXe siècle.

DERNIER MANIÉRISTE OU PREMIER EXPRESSIONNISTE ?

Toute une génération d'artistes du XXe siècle admire en effet la peinture du Greco pour sa liberté et sa puissance. Jackson Pollock (1912-1956), avant ses fameux *drippings*, produit des séries de dessins et de tableaux à la limite de la figuration (*Mural*, 1943), toutes ou presque inspirées du Greco. Pablo Picasso (1881-1973) en fait quant à lui l'une des principales sources d'inspiration de sa période bleue (*L'Entrevue*, 1911). Et comment ne pas penser aux figures longilignes de *L'Ouverture du cinquième sceau* (1608-1614) ou du *Laocoon* devant *Les Baigneurs* (vers 1890) de Paul Cézanne (1839-1906), *La Danse* (1909-1910) d'Henri Matisse (1869-1954) ou encore *Les Demoiselles d'Avignon* (1907) du même Picasso ?

Mais la génération précédente admirait aussi le peintre. Jean-François Millet (1814-1875) possédait ainsi une toile du maître que l'on a ensuite retrouvée dans la collection d'Edgar Degas (1834-1917). Si la parenté entre ces artistes et le Greco ne paraît pas évidente au premier abord, le caractère magistral des scènes de Millet (*Chasse des oiseaux de nuit*, 1874) et le flou des couleurs passées de Degas (*Les Buveurs d'absinthe*, 1876) rappellent néanmoins cette influence commune.

- Domenikos Theotokopoulos, dit le Greco, naît en Crète en 1541, mais il quitte rapidement son île natale pour Venise, puis Rome, avant de s'installer définitivement à Tolède, en Espagne.

- En conséquence, sa peinture se nourrit de plusieurs influences : les icônes byzantines de Crète, la lumière vénitienne, le maniérisme et le ténébrisme romains, et enfin le mysticisme espagnol.

- L'allongement des figures, les ciels changeants et le mouvement sont les caractéristiques les plus marquantes de ses œuvres.

- Surtout célèbre pour ses grands retables, il a en réalité dédié la majorité de sa production à la peinture de dévotion privée.

- Si son talent est reconnu, le Greco peine à se voir confier d'importantes commandes, essentiellement à cause de son caractère difficile et provocateur : il ne respecte pas les codes des cités qui l'accueillent ni les desiderata de leurs mécènes, produisant un art très personnel.

- Il est une grande référence pour les mouvements artistiques de la fin du XIXe siècle et de la première moitié du siècle suivant (fauvisme, cubisme, expressionnisme et expressionnisme abstrait), notamment en raison de sa liberté et de sa puissance. En outre, la légende de l'artiste fou qui l'entoure renforce la fascination qu'il exerce sur les artistes de cette époque.

POUR ALLER PLUS LOIN

SOURCES BIBLIOGRAPHIQUES

* ARRABAL (Fernando), *Le Frénétique du spasme*, Charenton-le-Pont, Flohic, 1991.
* BARRÈS (Maurice), *Greco ou le Secret de Tolède*, Paris, La Table Ronde, 1998.
* CLOULAS (Annie), *Greco*, Paris, Fayard, 1993.
* COCTEAU (Jean), *Le Greco*, Paris, Au Divan, 1943.
* GAUTIER (Théophile), *Voyage en Espagne*, Paris, Gallimard, 1981.
* GUINARD (Paul) et FRATI (Tiziana), *Tout l'œuvre peint du Greco*, Paris, Flammarion, 1971.
* MARIAS (Fernando), *Greco*, Paris, Adam Biro, 1997.
* SCHEFER (Jean-Louis), *Sommeil du Greco*, Paris, P.O.L., 1999.
* *The Toledo Museum of Art, El Greco de Toledo*, Tolède, Alianza Editorial, 1982.

SOURCES ICONOGRAPHIQUES

* LE GRECO, *La Guérison de l'aveugle*, 1570-1575, huile sur toile, 50 x 61 cm, Parme, Galerie nationale. La photo reproduite est réputée libre de droits.
* LE GRECO, *Le Martyre de saint Maurice*, 1580-1582, huile sur toile, 448 x 301 cm, Madrid, monastère de l'Escurial. La photo reproduite est réputée libre de droits.
* LE GRECO, *L'Enterrement du comte d'Orgaz*, 1586-1588, huile sur toile, 480 x 360 cm, Tolède, église Santo Tomé. La photo reproduite est réputée libre de droits.

- LE GRECO, *Le Polyptyque de Modène*, vers 1568, tempera sur bois, 37 x 24 cm (panneau central), 24 x 18 (panneaux latéraux), Modène, galerie Estense. La photo reproduite est réputée libre de droits.
- LE GRECO, *Le Songe de Philippe II*, 1579, huile sur toile, 140 x 110 cm, Madrid, monastère de l'Escurial. La photo reproduite est réputée libre de droits.
- LE GRECO, *Portrait d'un homme*, 1590-1600, huile sur toile, 52,7 x 46,7 cm, New York, Metropolitan Museum of Art. La photo reproduite est réputée libre de droits.

www.50minutes.com

Éditeur responsable : Lemaitre Publishing
Rue Lemaitre 6 | BE-5000 Namur
info@lemaitre-editions.com

ISBN ebook : 978-2-8062-6369-8
ISBN papier : 978-2-8062-6370-4
Dépôt légal : D/2015/12603/144
Photo de couverture : © Portrait d'un homme, autoportrait présumé (1590-1600), par le Greco.

Conception numérique : Primento,
le partenaire numérique des éditeurs